W.-D. Jägel
Grundlagen Deutsch

Erarbeitet von Johannes Diekhans
Unter Mitarbeit von Othmar Höfling

Grammatik

Best.-Nr. 025101 7

Schöningh Verlag

Umschlaggestaltung: Matthias Schwedt

Website
www.schoeningh.de

E-Mail
info@schoeningh.de

Druck: westermann druck GmbH, Braunschweig

Druck 10 9 Jahr 05 04 03

ISBN 3-14-025101-7

Dieses Werk folgt der reformierten Rechtschreibung und Zeichensetzung.

Inhaltsverzeichnis

Einführung

Momo

Michael Ende

In alten, alten Zeiten, als die Menschen noch in ganz anderen Sprachen redeten, gab es in den warmen Ländern schon große und prächtige Städte. Da erhoben sich die Paläste der Könige und Kaiser, da gab es breite Straßen, enge Gassen und winkelige Gässchen, da standen herrliche Tempel mit goldenen und marmornen Götterstatuen, da gab es bunte Märkte, wo die Leute sich versammelten, um Neuigkeiten zu besprechen und Reden zu halten oder anzuhören. Und vor allem gab es dort große Theater.

(Aus: Michael Ende: Momo. K. Thienemanns Verlag, Stuttgart 1973, Romananfang)

Dieser Text besteht aus Sätzen, Satzgliedern, Wörtern, Sprechsilben, Wortbausteinen, Buchstaben und Lauten.

E 01 Satz

Der Satz besteht aus Satzgliedern, die sich zu einem Sinnganzen zusammenfügen.

E 02 Satzglied

Die Teile eines Satzes, die sich umstellen lassen, bezeichnet man als Satzglieder. Satzglieder können aus einem oder aus mehreren Wörtern bestehen.

(Da) (gab) (es) (bunte Märkte).
(Bunte Märkte) (gab) (es) (da).

E 03 Wort

Ein gesprochenes Wort besteht aus Silben, die sich aus Lauten zusammensetzen. Gebildet wird ein Wort aus Wortbausteinen (s. E 06), die nicht immer mit den Sprechsilben übereinstimmen.

E 04 Silbe

Silben sind Lauteinheiten, die sich aus dem natürlichen Sprechfluss ergeben.

Zei-ten, präch-tig, be-spre-chen

E 05 Laut

Die kleinsten Bestandteile der gesprochenen Wörter nennt man Laute (s. auch E 09 und E 10). Laute kann man unterscheiden nach ihrer Stellung im Wort.

Anlaut: *Zeiten*
Inlaut: *dort*
Auslaut: *ganz*

E 06 Wortbausteine

Gebildet werden Wörter aus Wortbausteinen. Wichtigster Wortbaustein ist der **Wortstamm**. Durch Hinzufügen weiterer Bausteine können Wörter gebildet werden. Häufig werden Bausteine vorangestellt (**Präfixe**) oder an den Wortstamm angehängt (**Suffixe**).

Beispiel für **Präfixe**: *ge-, ver-, be-, ent-, zer-, er-*
Beispiel für **Suffixe**: *-ung, -heit, -keit, -nis, -bar, -ig, -lich, -er, -en, -eln*

Wortbildung durch Wortbausteine: *be-sprech-en, prächt-ig, Neu-ig-keit*

E 07 Buchstabe

Den kleinsten Bestandteil eines geschriebenen Textes nennt man Buchstabe.

E 08 Das Alphabet

Das deutsche Alphabet besteht aus **26 Buchstaben**. Es kommen drei Zeichen für die Umlaute hinzu.

A a (ah)	H h (hah)	O o (oh)	V v (fau)
B b (beh)	I i (ih)	P p (peh)	W w (weh)
C c (zeh)	J j (jott)	Q q (kuh)	X x (icks)
D d (deh)	K k (kah)	R r (err)	Y y (üppsilon)
E e (eh)	L l (ell)	S s ß (es, eszett)	Z z (zett)
F f (eff)	M m (emm)	T t (teh)	
G g (geh)	N n (enn)	U u (uh)	
Umlaute: Ä ä (äh) – Ö ö (öh) – Ü ü (üh)			

E 09 Vokale und Konsonanten (Selbstlaute und Mitlaute)

Einige dieser Buchstaben stehen für **Vokale**. Sie können im Gegensatz zu den **Konsonanten** ohne Zuhilfenahme eines anderen Lautes gesprochen werden:

a, e, i, o, u.

Zu den Vokalzeichen gehören auch die Umlaute *ä, ö* und *ü.*

E 10 Diphthonge (Doppel- oder Zwielaute)

Hierzu zählen die Vokalverbindungen:

au, äu, eu, ei, ai.

E 11 Betonung

In einfachen oder abgeleiteten Wörtern der deutschen Sprache wird meistens die erste Silbe betont. Wörter, die mit den unter E 06 genannten Präfixen gebildet werden, besitzen die Betonung auf der zweiten Silbe.

Beispiel: *Mắrk-te, Kő-ni-ge, gól-de-nen*
Beispiel: *be-spré-chen*

Wortlehre

Wortarten im Überblick

Man unterscheidet Wortarten, die im Satzzusammenhang ihre Form **verändern,** und solche, die sich **nicht verändern.** Man spricht auch von **flektierbaren** und **nicht flektierbaren** Wortarten.

W 01 Wortarten, die flektierbar sind

Wortart	Beispiel
Verb (Zeitwort, Tätigkeitswort)	*gehen, ich gehe*
Nomen/Substantiv (Namenwort, Hauptwort)	*Kind, Kinder*
Artikel (Geschlechtswort, Begleiter)	
bestimmter Artikel	*der, die, das*
unbestimmter Artikel	*ein, eine, ein*
Adjektiv (Eigenschaftswort)	*klein, (ein) kleines (Kind)*
Pronomen (Fürwort)	
Personalpronomen (persönliches Fürwort)	*ich, mir, du*
Possessivpronomen (besitzanzeigendes Fürwort)	*mein, dein*
Demonstrativpronomen (hinweisendes Fürwort)	*dieser, jener*
Relativpronomen (bezügliches Fürwort)	*der, welcher*
Reflexivpronomen (rückbezügliches Fürwort)	*sich, mich*
Interrogativpronomen (fragendes Fürwort)	*wer? wessen?*
Indefinitpronomen (unbestimmtes Fürwort)[1]	*jemand, niemand*
Numerale (Zahlwort)	*zwei, hundert, der dritte*

Verb, Nomen/Substantiv und Adjektiv werden auch **Hauptwortarten** genannt, weil sie im Satzzusammenhang die Hauptinformationen geben.

W 02 Wortarten, die nicht flektierbar sind

Wortart	Beispiel
Adverb (Umstandswort)	*heute, oben*
Präposition (Verhältniswort)	*vor, an, in*
Konjunktion (Bindewort)	
nebenordnende Konjunktion	*und, oder*
unterordnende Konjunktion	*weil, als, dass*
Interjektion (Ausrufewort)	*oh! au!*

Alle nicht flektierbaren Wortarten mit Ausnahme der Interjektion werden auch unter dem Begriff **Partikeln** zusammengefasst.

[1] Die Indefinitpronomen „man" und „etwas" sind nicht flektierbar, ebenso einige Zahlwörter.

Das Verb (Zeitwort) und seine Formen

W 03

Verben bezeichnen:	**Tätigkeiten:**	*Die Menschen* ***versammelten*** *sich auf den Märkten.*
	Vorgänge:	*Die antike Vase* ***zerbrach****.*
	Zustände:	*Dort* ***standen*** *herrliche Tempel mit marmornen Statuen.*
Man unterscheidet:	**Vollverben:**	Sie können allein das Satzglied Prädikat bilden. Beispiel: *Peter* ***besichtigt*** *den antiken Marktplatz.*
	Hilfsverben:	**sein, haben, werden** Sie erscheinen im Satzzusammenhang in der Regel mit einem Vollverb und werden für die Bildung unterschiedlicher Verbformen verwendet. Beispiel: *Wir* ***werden*** *den antiken Marktplatz besichtigen.*
	Modalverben:	**können, dürfen, mögen, sollen, müssen, wollen** Mit Modalverben kann ein Sprecher seine Aussage verstärken oder abschwächen. Er kann ausdrücken, ob er etwas tun kann, darf, möchte, soll, muss oder will.

W 04

Infinite Verbformen

Infinit bedeutet wörtlich „unbestimmt" oder „nicht eingegrenzt". **Finit** besitzt somit die Bedeutung „näher bestimmt" oder „eingegrenzt".

Zu den **infiniten Verbformen** gehören:

- Der **Infinitiv** (Grundform)
  Beispiel: *sehen, schwimmen*
- Das **Partizip I** (Mittelwort der Gegenwart)
  Beispiel: *sehend, schwimmend*
- Das **Partizip II** (Mittelwort der vollendeten Gegenwart)
  Beispiel: *gesehen, geschwommen*

Die Partizipien I und II können auch als Adjektive gebraucht werden (Beispiel: *Das schwimmende Boot*). Die Infinitivform und das Partizip II werden für die Bildung verschiedener Zeitformen (Tempusformen) benötigt.

W 05 Finite Verbformen

Eine **finite Verbform** gibt Auskunft auf folgende Fragen:

Wer macht etwas?
Ich rufe. Sie rufen.

Person und Numerus

Geschieht es in der Vergangenheit, Gegenwart oder Zukunft?
Ich rufe. Sie rief. Er wird rufen.

Tempus

Wird das Geschehen aus der Sicht des Täters oder aus der Sicht des Betroffenen gesehen?
Ich rufe. Ich werde gerufen.

Handlungsart (Genus Verbi)

Ist das Geschehen wirklich, möglich oder nicht wirklich?
Er ruft. Er rufe. Er riefe. Er würde rufen. Rufe!

Modus

Infinitiv:
rufen

W 06 Person und Numerus oder die Personalform des Verbs

Diese Form des Verbs drückt aus, ob der Sprechende (**ich, wir**), der Angesprochene (**du, ihr**) oder die Person bzw. Sache, über die gesprochen wird (**er, sie, es; sie**), in den Mittelpunkt rückt. Außerdem wird deutlich, ob es um eine Person (**Einzahl = Singular**) oder mehrere Personen (**Mehrzahl = Plural**) geht.

1. Person Singular:	***ich*** *rufe*
2. Person Singular:	***du*** *rufst*
3. Person Singular:	***er/sie/es*** *ruft*
1. Person Plural:	***wir*** *rufen*
2. Person Plural:	***ihr*** ruft
3. Person Plural:	***sie*** rufen

W 07 Das Tempus (Zeitform)

Die finite Verbform zeigt an, ob das Geschehen für den Sprecher in der **Gegenwart**, **Vergangenheit** oder **Zukunft** abläuft.

W 08 Die unterschiedlichen Tempora im Überblick

Präsens	ich rufe	Gegenwart
Präteritum	ich rief	Vergangenheit
Perfekt	ich habe gerufen	
Plusquamperfekt	ich hatte gerufen	
Futur I	ich werde rufen	Zukunft
Futur II	ich werde gerufen haben	

W 09 Das Präsens (Gegenwart)

Das Präsens bezeichnet häufig etwas, was in der Gegenwart, in diesem Augenblick geschieht.
Beispiel: *Ich* ***springe*** *über den Fluss.*

Es bezeichnet auch etwas, was zu jeder Zeit gilt.
Beispiel: *Wasser* ***gefriert*** *bei 0 °C.*

Es kann zusammen mit anderen Satzgliedern etwas bezeichnen, was in der Zukunft liegt.
Beispiel: *In der nächsten Woche* ***besuche*** *ich meine Freundin.*

Es kann zusammen mit anderen Satzgliedern auch etwas bezeichnen, was in der Vergangenheit liegt.
Beispiel: *Gestern* ***gehe*** *ich ahnungslos über die Straße, da…*

W 10 Das Präteritum (Vergangenheit)

Das **Präteritum** drückt aus, dass etwas vergangen ist. Es ist die übliche Tempusform für Erzählungen.

Beispiel: *In der letzten Minute* ***verschoss*** *Paul den Elfmeter.*
Momo ***wohnte*** *in einem Amphitheater.*

Verben, die bei der Bildung des Präteritums ihren Wortstamm stark verändern (*verschießen–verschoss*), nennt man **starke Verben**. Verben, die ihren Wortstamm nicht verändern (*wohnen-wohnte*), nennt man **schwache Verben**.

W 11 Das Perfekt (Vollendete Gegenwart)

Das **Perfekt** drückt aus, dass etwas vergangen ist, jedoch noch in die Gegenwart hineinreicht und auf den Sprecher oder Schreiber wirkt.

Beispiel: *Ich **habe** mir den Arm **gebrochen**.*
*Ich **bin** gestern eine Stunde durch den Wald **gelaufen**.*

Das **Perfekt** wird gebildet aus:

Personalform von haben oder sein im Präsens	+	Partizip II
ich habe		*gerufen*
ich bin		*gelaufen*

In der gesprochenen Sprache ersetzt das Perfekt häufig die Präteritumform.

Beispiel: *Im letzten Jahr **fuhren** wir nach Griechenland.*
(Präteritum in der geschriebenen Sprache)
Beispiel: *Im letzten Jahr **sind** wir nach Griechenland **gefahren**.*
(Perfekt in der gesprochenen Sprache)

W 12 Das Plusquamperfekt (Vollendete Vergangenheit)

Das **Plusquamperfekt** drückt aus, dass ein vergangenes Geschehen vor einem ebenfalls vergangenen Geschehen liegt. Daher erscheint es häufig im Zusammenhang mit dem Perfekt oder Präteritum.

Beispiel: *Andrea ging am Nachmittag ins Freibad. Vorher **hatte** sie noch den Rasen **gemäht**.*

Das **Plusquamperfekt** wird gebildet aus:

Personalform von haben oder sein im Präteritum	+	Partizip II
ich hatte		*gerufen*
ich war		*gelaufen*

W 13 Das Futur I (Zukunft)

Das **Futur I** drückt aus, dass ein Geschehen in der Zukunft abläuft.

Beispiel: *Klaus* ***wird*** *mich morgen* ***besuchen****.*

Das **Futur I** wird gebildet aus:

Personalform von werden im Präsens	+	Infinitiv
ich werde		*rufen*

Mit dem Futur I kann ein Sprecher auch eine Vermutung ausdrücken.

Beispiel: *Meine Schwester* ***wird*** *wohl gerade ihre Freundin* ***besuchen****.*

W 14 Das Futur II (Vollendete Zukunft)

Das **Futur II** drückt aus, dass ein Geschehen in der Zukunft abläuft und dort als abgeschlossen angesehen wird.

Beispiel: *Morgen um diese Zeit* ***werde*** *ich den Wettkampf bereits* ***beendet haben****.*

Das **Futur II** wird gebildet aus:

Personalform von haben oder sein im Futur I	+	Partizip II
(ich werde haben)		*(gerufen)*
(ich werde sein)		*(gelaufen)*
ich werde gerufen haben		
ich werde gelaufen sein		

Auch mit dem **Futur II** kann ein Sprecher eine Vermutung ausdrücken.

Beispiel: *Er* ***wird*** *seine Hausaufgaben wohl schon* ***gemacht haben****.*

W 15 Bildet man zu einem Verb die unterschiedlichen Personalformen in einem bestimmten Tempus, so nennt man diesen Vorgang **konjugieren** (Nomen/Substantiv: **Konjugation**). Die Begriffe **konjugierte Verbform, Personalform** und **finite Verbform** werden in vielen Grammatiken gleichgesetzt.

W 16 Die Konjugation des Verbs „fragen“ im Aktiv

Präsens (Gegenwart)	**Perfekt (Vollendete Gegenwart)**
ich frage	ich habe gefragt
du fragst	du hast gefragt
er, sie, es fragt	er, sie, es hat gefragt
wir fragen	wir haben gefragt
ihr fragt	ihr habt gefragt
sie fragen	sie haben gefragt
Präteritum (Vergangenheit)	**Plusquamperfekt (Vollendete Vergangenheit)**
ich fragte	ich hatte gefragt
du fragtest	du hattest gefragt
er, sie, es fragte	er, sie, es hatte gefragt
wir fragten	wir hatten gefragt
ihr fragtet	ihr hattet gefragt
sie fragten	sie hatten gefragt
Futur I (Zukunft)	**Futur II (Vollendete Zukunft)**
ich werde fragen	ich werde gefragt haben
du wirst fragen	du wirst gefragt haben
er, sie, es wird fragen	er, sie, es wird gefragt haben
wir werden fragen	wir werden gefragt haben
ihr werdet fragen	ihr werdet gefragt haben
sie werden fragen	sie werden gefragt haben

W 17 Die Konjugation des Hilfsverbs „sein“

Präsens (Gegenwart)	**Perfekt (Vollendete Gegenwart)**
ich bin	ich bin gewesen
du bist	du bist gewesen
er, sie, es ist	er, sie, es ist gewesen
wir sind	wir sind gewesen
ihr seid	ihr seid gewesen
sie sind	sie sind gewesen
Präteritum (Vergangenheit)	**Plusquamperfekt (Vollendete Vergangenheit)**
ich war	ich war gewesen
du warst	du warst gewesen
er, sie, es war	er, sie, es war gewesen
wir waren	wir waren gewesen
ihr wart	ihr wart gewesen
sie waren	sie waren gewesen
Futur I (Zukunft)	**Futur II (Vollendete Zukunft)**
ich werde sein	ich werde gewesen sein
du wirst sein	du wirst gewesen sein
er, sie, es wird sein	er, sie, es wird gewesen sein
wir werden sein	wir werden gewesen sein
ihr werdet sein	ihr werdet gewesen sein
sie werden sein	sie werden gewesen sein

W 18 Die Konjugation des Hilfsverbs „haben"

Präsens (Gegenwart)	Perfekt (Vollendete Gegenwart)
ich habe	ich habe gehabt
du hast	du hast gehabt
er, sie, es hat	er, sie, es hat gehabt
wir haben	wir haben gehabt
ihr habt	ihr habt gehabt
sie haben	sie haben gehabt
Präteritum (Vergangenheit)	**Plusquamperfekt (Vollendete Vergangenheit)**
ich hatte	ich hatte gehabt
du hattest	du hattest gehabt
er, sie, es hatte	er, sie, es hatte gehabt
wir hatten	wir hatten gehabt
ihr hattet	ihr hattet gehabt
sie hatten	sie hatten gehabt
Futur I (Zukunft)	**Futur II (Vollendete Zukunft)**
ich werde haben	ich werde gehabt haben
du wirst haben	du wirst gehabt haben
er, sie, es wird haben	er, sie, es wird gehabt haben
wir werden haben	wir werden gehabt haben
ihr werdet haben	ihr werdet gehabt haben
sie werden haben	sie werden gehabt haben

W 19 Die Konjugation des Hilfsverbs „werden"

Präsens (Gegenwart)	Perfekt (Vollendete Gegenwart)
ich werde	ich bin geworden
du wirst	du bist geworden
er, sie, es wird	er, sie, es ist geworden
wir werden	wir sind geworden
ihr werdet	ihr seid geworden
sie werden	sie sind geworden
Präteritum (Vergangenheit)	**Plusquamperfekt (Vollendete Vergangenheit)**
ich wurde	ich war geworden
du wurdest	du warst geworden
er, sie, es wurde	er, sie, es war geworden
wir wurden	wir waren geworden
ihr wurdet	ihr wart geworden
sie wurden	sie waren geworden
Futur I (Zukunft)	**Futur II (Vollendete Zukunft)**
Ich werde werden	ich werde geworden sein
du wirst werden	du wirst geworden sein
er, sie, es wird werden	er, sie, es wird geworden sein
wir werden werden	wir werden geworden sein
ihr werdet werden	ihr werdet geworden sein
sie werden werden	sie werden geworden sein

W 20 Die Handlungsart (Genus verbi)

Die finite Verbform drückt auch aus, ob das Geschehen **aus der Sicht des Täters/des Handelnden** oder **aus der Sicht des Betroffenen** gesehen wird. Daher unterscheidet man zwei Handlungsarten (Genera verbi): das **Aktiv** und das **Passiv**.

W 21 Das Aktiv (Tätigkeitsform)

Das Aktiv ist die am häufigsten verwendete Handlungsart. Die Handlung wird dabei vom Täter aus gesehen.

Beispiel: ***Ein Mädchen rettet*** *den Jungen.*
Ich schreibe *einen Brief.*

W 22 Das Passiv (Leideform)

Die Handlung wird vom Betroffenen aus gesehen. Dabei gibt es zwei Möglichkeiten:

1. **Das Vorgangspassiv**
   Beim Vorgangspassiv steht das Geschehen im Vordergrund. Der Täter kann, muss aber nicht genannt werden. Wird er nicht genannt, spricht man auch vom **täterlosen Passiv**.
   Das Vorgangspassiv wird gebildet aus einer **Personalform von „werden"** (s. W 19) und dem **Partizip II** des Verbs.

Beispiel: *Der Junge* ***wird (von einem Mädchen) gerettet****.*
Der Brief ***wird (von mir) geschrieben****.*

2. **Das Zustandspassiv**
   Das Zustandspassiv bezeichnet den erreichten Zustand oder das Ergebnis einer Handlung. Es wird gebildet aus einer **Personalform von „sein"** (s. W 17) und dem **Partizip II** des Verbs.

Beispiel: *Der Junge* ***ist gerettet****.*
Der Brief ***ist geschrieben****.*

Die Bezeichnungen **„Tätigkeitsform"** und **„Leideform"** für **Aktiv** und **Passiv** sind gebräuchlich, aber nicht immer zutreffend.

Beispiel: *Er wohnt in Köln.* (Keine Tätigkeit)
Die Schülerin wird gelobt. (Kein Leiden)

W 23 Die Konjugation des Verbs „fragen“ im Passiv

Präsens (Gegenwart)
ich werde gefragt
du wirst gefragt
er, sie, es wird gefragt
wir werden gefragt
ihr werdet gefragt
sie werden gefragt

Präteritum (Vergangenheit)
ich wurde gefragt
du wurdest gefragt
er, sie, es wurde gefragt
wir wurden gefragt
ihr wurdet gefragt
sie wurden gefragt

Futur I (Zukunft)
ich werde gefragt werden
du wirst gefragt werden
er, sie, es wird gefragt werden
wir werden gefragt werden
ihr werdet gefragt werden
sie werden gefragt werden

Perfekt (Vollendete Gegenwart)
ich bin gefragt worden
du bist gefragt worden
er, sie, es ist gefragt worden
wir sind gefragt worden
ihr seid gefragt worden
sie sind gefragt worden

Plusquamperfekt (Vollendete Vergangenheit)
ich war gefragt worden
du warst gefragt worden
er, sie, es war gefragt worden
wir waren gefragt worden
ihr wart gefragt worden
sie waren gefragt worden

Futur II (Vollendete Zukunft)
ich werde gefragt worden sein
du wirst gefragt worden sein
er, sie, es wird gefragt worden sein
wir werden gefragt worden sein
ihr werdet gefragt worden sein
sie werden gefragt worden sein

W 24 Aktiv und Passiv im Vergleich

Tempus	**Aktiv** **1. Pers. Sing. u. Plural**	**Passiv (Vorgangspassiv)** **1. Pers. Sing. u. Plural**
Präsens	ich trage wir tragen	ich werde getragen wir werden getragen
Präteritum	ich trug wir trugen	ich wurde getragen wir wurden getragen
Perfekt	ich habe getragen wir haben getragen	ich bin getragen worden wir sind getragen worden
Plusquamperfekt	ich hatte getragen wir hatten getragen	ich war getragen worden wir waren getragen worden
Futur I	ich werde tragen wir werden tragen	ich werde getragen werden wir werden getragen werden
Futur II	ich werde getragen haben wir werden getragen haben	ich werde getragen worden sein wir werden getragen worden sein

W 25 Der Modus (Aussageweise)

Die Verbform drückt auch aus, wie das Geschehen vom Sprecher eingeschätzt wird. Wird es als **wirklich, möglich, erwünscht, nur erdacht oder nicht wirklich** angesehen?
Man unterscheidet folgende Aussageweisen (Modi):

Indikativ	–	**Wirklichkeitsform**
Konjunktiv I	–	**Möglichkeitsform**
Konjunktiv II	–	**Nicht-Wirklichkeit**
Imperativ	–	**Befehlsform**

W 26 Der Indikativ (Wirklichkeitsform)

Diese Form drückt aus, dass das Gesagte oder Geschriebene als **tatsächlich/ wirklich** angesehen wird. Der Indikativ ist der am häufigsten gebrauchte Modus (im Hauptsatz und im Gliedsatz).

Beispiel: *Dieses Bild* ***hat*** *ein holländischer Künstler* ***gemalt****.*
Wenn du ***kommst, gehen*** *wir* ***spazieren****.*

W 27 Der Konjunktiv I (Möglichkeitsform)

Der Konjunktiv I stellt ein Geschehen als **möglich** dar. Der Sprecher oder Schreiber verbürgt sich jedoch nicht dafür. Er geht etwas auf Distanz.
Der **Konjunktiv I** wird zumeist in der **indirekten Rede** verwendet. Dabei gibt ein Sprecher oder Schreiber das wieder, was er von einem anderen erfahren hat.
Der Konjunktiv I wird aus den Indikativformen des Präsens, Perfekts und Futurs gebildet.

Beispiel:	*Er sagte mir, dass er bald* ***komme****.*	(Indikativ Präsens: *er kommt*)
	Er sagte mir, er ***sei angekommen****.*	(Indikativ Perfekt: *er ist angekommen*)
	Er sagte mir, er ***habe*** *schon* ***gegessen****.*	(Indikativ Perfekt: *er hat gegessen*)
	Er sagte mir, er ***werde*** *bald* ***zurückkommen****.*	(Indikativ Futur: *er wird zurückkommen*)

Auch im **indirekten Fragesatz** (s. S 26) steht der Konjunktiv I.

Beispiel: *Andrea fragte, ob sie mitkommen* ***könne****.*

W 28 Das Zeitgefüge in der indirekten Rede

Welche Form des Konjunktivs I (Präsens, Perfekt, Futur I) in der indirekten Rede verwendet wird, hängt davon ab, **in welchem zeitlichen Verhältnis indirekte Rede und Hauptsatz** stehen. Liegt das in der indirekten Rede wiedergegebene Geschehen zeitlich vor dem, was im Hauptsatz ausgedrückt wird, geschieht es gleichzeitig oder ist es noch gar nicht geschehen? Man spricht dabei auch von **Vorzeitigkeit, Gleichzeitigkeit oder Nachzeitigkeit**.

1. **Vorzeitigkeit**
   Beispiel: *Paul sagte mir, er* ***habe*** *ein Buch* ***gelesen****.*
2. **Gleichzeitigkeit**
   Beispiel: *Paul sagte mir, er* ***lese*** *gerade ein Buch.*
3. **Nachzeitigkeit**
   Beispiel: *Paul sagte mir, er* ***werde*** *in den Ferien ein Buch* ***lesen****.*

W 29 Der Konjunktiv II (Irrealis, Nicht-Wirklichkeit)

Der Konjunktiv II wird verwendet, wenn ein Sprecher oder Schreiber ausdrücken möchte, dass ein Geschehen **nicht wirklich (irreal)**, sondern nur **gewünscht, vorgestellt oder gedacht** ist.
Der Konjunktiv II wird aus den Indikativformen des Präteritums und des Plusquamperfekts gebildet.

Beispiel: *Wenn sie Zeit* ***hätten, kämen*** *sie zu Besuch.*
Wäre *er über das Eis* ***gelaufen, hätte*** *er sich in Gefahr* ***begeben****.*

Der Konjunktiv II wird heute immer öfter mit „würde“ umschrieben.

Beispiel: *Wenn sie Zeit hätten,* ***würden*** *sie zu Besuch* ***kommen****.*

Den Konjunktiv II verwendet man außerdem **in höflichen Frage- und Aussagesätzen**.

Beispiel: *Ich* ***hätte*** *gern diesen Ring aus dem Schaufenster.*
Würden *Sie ihn mir bitte* ***holen****?*

Weiter verwendet man den Konjunktiv II in der **indirekten Rede**, wenn die Form des Konjunktivs I genauso lautet wie der Indikativ. Die Formen des Konjunktivs II bilden dann **Ersatzformen** für den Konjunktiv I.

Beispiel: *Der Trainer meint, ich* ***liefe*** *die erste Runde zu schnell.*
(statt: ich laufe zu schnell)
Die Zeitung berichtet, in Wohngebieten ***führen*** *viele Autos zu schnell.*
(statt: fahren viele Autos zu schnell)

W 30 Indikativ und Konjunktiv im Überblick

Bei der folgenden Übersicht sind die Formen des Konjunktivs I, die in der indirekten Rede durch die entsprechenden Formen des Konjunktivs II ersetzt werden, eingeklammert.

	Indikativ	Konjunktiv	
Präsens	ich komme du kommst er, sie, es kommt wir kommen ihr kommt sie kommen	(ich komme) du kommest er, sie es komme (wir kommen) ihr kommet (sie kommen)	KONJUNKTIV I
Perfekt	ich bin gekommen du bist gekommen er, sie, es ist gekommen wir sind gekommen ihr seid gekommen sie sind gekommen	ich sei gekommen du seiest gekommen er, sie, es sei gekommen wir seien gekommen ihr seiet gekommen sie seien gekommen	
Futur I	ich werde kommen du wirst kommen er, sie, es wird kommen wir werden kommen ihr werdet kommen sie werden kommen	(ich werde kommen) du werdest kommen er, sie, es werde kommen (wir werden kommen) (ihr werdet kommen) (sie werden kommen)	
Präteritum	ich kam du kamst er, sie, es kam wir kamen ihr kamt sie kamen	ich käme du kämst er, sie, es käme wir kämen ihr kämt sie kämen oder ich würde kommen du würdest kommen ...	KONJUNKTIV II
Plusquamperfekt	ich war gekommen du warst gekommen er, sie, es war gekommen wir waren gekommen ihr wart gekommen sie waren gekommen	ich wäre gekommen du wärest gekommen er, sie, es wäre gekommen wir wären gekommen ihr wäret gekommen sie wären gekommen	

W 31 Der Imperativ (Befehlsform)

Der **Imperativ** ist die Verbform, die eine **Aufforderung** ausdrückt. Es gibt ihn nur für die 2. Person Singular und Plural.

Beispiel: *Komm! Lauf! Gib! Sprich!*
Kommt! Lauft! Gebt! Sprecht!

W 32 Das Nomen/Substantiv (Namenwort, Hauptwort)

Nomen oder **Substantive** bezeichnen vor allem:

Gegenstände:	*Fußball, Haus, Zange*
Lebewesen:	*Esel, Kind, Frau*
Pflanzen:	*Blume, Gras, Blatt*
Vorgänge:	*Lauf, Bewegung, Untersuchung*
Eigenschaften:	*Klugheit, Fleiß*
Gefühle:	*Liebe, Trauer, Zuversicht*

Bei den Nomen/Substantiven unterscheidet man **Konkreta** und **Abstrakta**.

Konkreta nennt man die Nomen/Substantive, mit denen Gegenstände, Lebewesen oder Pflanzen bezeichnet werden. Man kann sie konkret sehen oder anfassen.
Abstrakta bezeichnen Sachverhalte, die nicht konkret sichtbar sind. Dazu gehören vor allem allgemeine Vorgänge, Eigenschaften, Gefühle und Vorstellungen.

W 33 Genus (grammatisches Geschlecht) des Nomens/Substantivs

Jedes **Nomen/Substantiv** hat ein **grammatisches Geschlecht (Genus)**. Das grammatische Geschlecht erkennt man am bestimmten Artikel (s. W 38), der vor dem Nomen/Substantiv stehen kann. Man unterscheidet **drei Formen des Genus**:

Maskulinum	(männlich):	***der*** *Wald,* ***der*** *Sturm,* ***der*** *Mann*
Femininum	(weiblich):	***die*** *Hütte,* ***die*** *Glocke,* ***die*** *Frau*
Neutrum	(sächlich):	***das*** *Ereignis,* ***das*** *Ziel,* ***das*** *Kind*

Grammatisches und natürliches Geschlecht stimmen oft nicht überein (z.B.: ***das*** *Mädchen*).

Das grammatische Geschlecht kann man auch herausfinden, indem man das Nomen/Substantiv durch ein Personalpronomen (s. W 47) ersetzt, z.B.:

der Fuchs – ***er*** = Maskulinum
die Rose – ***sie*** = Femininum
das Haus – ***es*** = Neutrum

W 34 Numerus (Zahl) des Nomens/Substantivs

Der **Numerus** eines Nomens/Substantivs verdeutlicht, ob es den bezeichneten Gegenstand, das Lebewesen... einmal oder mehrmals gibt. Man unterscheidet demnach:

Singular (Einzahl): *der Arzt, die Blume, das Kind*
Plural (Mehrzahl): *die Ärzte, die Blumen, die Kinder*

Zu einigen Nomen/Substantiven gibt es nur den Singular oder nur den Plural.
Beispiele für Nomen, die nur im Singular erscheinen:
die Jugend, das Laub, der Regen, das Vieh, die Milch

Beispiele für Nomen/Substantive, die nur im Plural erscheinen:
die Ferien, die Kosten, die Masern, die Tropen, die Alpen

W 35 Kasus (grammatischer Fall) des Nomens/Substantivs

Im Satzzusammenhang kann ein Nomen/Substantiv in vier verschiedenen **Kasus** (Fällen) erscheinen, die man erfragen kann.

Kasus (Fall)	Kasusfrage	Beispiel
1. Fall: Nominativ	wer oder was?	der Hund
2. Fall: Genitiv	wessen?	des Hundes
3. Fall: Dativ	wem?	dem Hund
4. Fall: Akkusativ	wen oder was?	den Hund

Den **Kasus** bestimmt man am einfachsten, indem man mit dem ganzen Satz nach dem Nomen/Substantiv fragt.

Beispiel: *Sie besuchten* ***die Ausstellung****.*
(Wen oder) was besuchten sie?
die Ausstellung = **Akkusativ**

Bildet man zu einem Nomen/Substantiv die vier Kasus, so nennt man diesen Vorgang **Deklination** (Verb: **deklinieren**).

W 36 Die Deklination der Nomen/Substantive im Überblick

Maskulinum

Kasus		Numerus	
		Singular	Plural
Nominativ	(wer oder was?)	der Mann	die Männer
Genitiv	(wessen?)	des Mannes	der Männer
Dativ	(wem?)	dem Mann	den Männern
Akkusativ	(wen oder was?)	den Mann	die Männer

Femininum

Kasus		Numerus	
		Singular	Plural
Nominativ	(wer oder was?)	die Frau	die Frauen
Genitiv	(wessen?)	der Frau	der Frauen
Dativ	(wem?)	der Frau	den Frauen
Akkusativ	(wen oder was?)	die Frau	die Frauen

Neutrum

Kasus		Numerus	
		Singular	Plural
Nominativ	(wer oder was?)	das Kind	die Kinder
Genitiv	(wessen?)	des Kindes	der Kinder
Dativ	(wem?)	dem Kind	den Kindern
Akkusativ	(wen oder was?)	das Kind	die Kinder

W 37 Wie können Nomen gebildet werden?

1. Durch **Zusammensetzungen**

Von den beiden Gliedern der Zusammensetzung ist das zweite Glied der Grundbegriff, der durch das erste Glied näher bestimmt wird. Man spricht auch von **Grundwort und Bestimmungswort**. Als Bestimmungswort können unterschiedliche Wortarten (Nomen/Substantiv, Adjektiv, Verb ...) dienen.

Ofentür	*Fahrlehrer*	*Heißhunger*	*Ansicht*
Zimmertür	*Lesebuch*	*Weißdorn*	*Vorlauf*
Stalltür	*Turnverein*	*Schwarzlicht*	*Mitleid*

2. Durch **Nominalisierung/Substantivierung** von Verben und Adjektiven

das Laufen	*das Grün*
das Einatmen	*das Hoch*
das Rufen	*das Tief*

3. Durch **vorangestellte Wortbausteine (Präfixe)** wie

ge-:	*Gebrüder, Geschwister, Gemeinde usw.*
un-:	*Unglück, Unruhe, Unmut usw.*
miss-:	*Misserfolg, Missernte, Missgunst usw.*

4. Durch **angehängte Wortbausteine (Suffixe)** wie

-heit:	*Gesundheit, Faulheit, Trägheit usw.*
-keit:	*Einsamkeit, Tapferkeit, Müdigkeit usw.*
-tum:	*Reichtum, Eigentum, Irrtum usw.*
-schaft:	*Mannschaft, Erbschaft, Landschaft usw.*
-ung:	*Versicherung, Erziehung, Genugtuung usw.*
-nis:	*Erzeugnis, Wagnis, Bekenntnis usw.*
-sal:	*Schicksal, Rinnsal, Labsal usw.*
-chen:	*Stühlchen, Häuschen, Bäumchen usw.*
-el:	*Schaufel, Wiesel, Würfel usw.*

W 38 Der Artikel (Geschlechtswort, Begleiter)

Der **Artikel** steht vor dem Nomen/Substantiv und gibt das **grammatische Geschlecht** an (s. W 33). Man unterscheidet:

bestimmter Artikel: ***der, die, das*** – ***der*** *Mann,* ***die*** *Frau,* ***das*** *Kind*

unbestimmter Artikel: ***ein, eine, ein*** – ***ein*** *Mann,* ***eine*** *Frau,* ***ein*** *Kind*

Der **bestimmte Artikel** wird verwendet, wenn das Nomen/Substantiv etwas eindeutig Gemeintes bezeichnet.
Der **unbestimmte Artikel** bezeichnet irgendeinen Gegenstand, irgendein Lebewesen ... (s. W 32).

Die Deklination des bestimmten Artikels wird in der Übersicht zur Deklination der Nomen/Substantive (s. W 36) deutlich. Auch der unbestimmte Artikel kann zusammen mit seinem Nomen/Substantiv dekliniert werden. Es gibt allerdings keine Pluralformen.

W 39 Die Deklination eines Nomens/Substantivs mit einem unbestimmten Artikel

Kasus		Genus		
		Maskulinum	**Femininum**	**Neutrum**
Nominativ	(wer oder was?)	ein Mann	eine Frau	ein Kind
Genitiv	(wessen?)	eines Mannes	einer Frau	eines Kindes
Dativ	(wem?)	einem Mann	einer Frau	einem Kind
Akkusativ	(wen oder was?)	einen Mann	eine Frau	ein Kind

W 40

Das Adjektiv (Eigenschaftswort, Wiewort)

Adjektive geben die Eigenschaften von Gegenständen, Lebewesen, Pflanzen usw. an. Mit ihnen kann man auch Tätigkeiten, Vorgänge und Zustände näher kennzeichnen und bewerten. Zu einem Adjektiv gibt es häufig ein Gegenteil.

Beispiel: *groß – klein* *dick – dünn*
kurz – lang *kalt – warm*
rund – eckig *weit – eng*
nass – trocken *ernst – heiter*

W 41

Das Adjektiv im Satzzusammenhang

Im Satzzusammenhang kann das Adjektiv in unterschiedlicher Weise eingesetzt werden:

1. Das Adjektiv steht vor einem Nomen/Substantiv und kennzeichnet dieses näher. Es wird gemeinsam mit dem Nomen/Substantiv gebeugt (dekliniert).

Beispiel: *Der* ***kleine*** *Junge spielt mit einem* ***roten*** *Ball.*

2. Das Adjektiv bezieht sich auf ein Nomen/Substantiv, steht jedoch in enger Verbindung zu einem Hilfsverb. Es wird nicht gebeugt (dekliniert).

Beispiel: *Der Junge ist* ***klein****.*
Die Schuhe sind ***schmutzig****.*

3. Das Adjektiv kennzeichnet eine Tätigkeit, einen Vorgang oder einen Zustand näher. Es wird nicht gebeugt (dekliniert).

Beispiel: *Das Mädchen läuft* ***schnell****.*
Der Mond schien ***hell****.*
Die Blumen duften ***angenehm****.*

W 42

Die Deklination eines Adjektivs mit einem Nomen/Substantiv

	Singular		
Kasus	**Maskulinum**	**Femininum**	**Neutrum**
Nominativ	der rote Ball	die kleine Katze	das alte Haus
Genitiv	des roten Balls	der kleinen Katze	des alten Hauses
Dativ	dem roten Ball	der kleinen Katze	dem alten Haus
Akkusativ	den roten Ball	die kleine Katze	das alte Haus

	Plural		
Kasus	**Maskulinum**	**Femininum**	**Neutrum**
Nominativ	die roten Bälle	die kleinen Katzen	die alten Häuser
Genitiv	der roten Bälle	der kleinen Katzen	der alten Häuser
Dativ	den roten Bällen	den kleinen Katzen	den alten Häusern
Akkusativ	die roten Bälle	die kleinen Katzen	die alten Häuser

W 43 Die Steigerung der Adjektive

Viele Adjektive kann man steigern. Dabei unterscheidet man drei Stufen, den **Positiv** (Grundstufe), den **Komparativ** (1. Steigerungsstufe oder Vergleichsstufe) und den **Superlativ** (2. Steigerungsstufe oder Höchststufe). Einige Adjektive werden unregelmäßig gesteigert.

Steigerungsform	Positiv (Grundstufe)	Komparativ (Vergleichsstufe)	Superlativ (Höchststufe)
regelmäßig	klein schnell weit groß	kleiner schneller weiter größer	am kleinsten am schnellsten am weitesten am größten
unregelmäßig	gut viel	besser mehr	am besten am meisten

Einige Adjektive können nur einmal oder gar nicht gesteigert werden.

Nur einmal gesteigert werden zum Beispiel: *äußere – äußerste*
innere – innerste
vordere – vorderste
hintere – hinterste
untere – unterste

Gar nicht gesteigert werden vor allem Zusammensetzungen, Kennzeichnungen für Materialien oder Adjektive, die bereits im Positiv eine Höchststufe ausdrücken, zum Beispiel:

himmelweit, riesengroß, steinhart, golden, einzig, ganz

W 44 Wie können Adjektive gebildet werden?

1. Durch **vorangestellte Wortbausteine (Präfixe)** wie

ge-: *geheim, gesund, gemein, geschwind usw.*
un-: *ungesund, ungemütlich, unerfahren, unglücklich usw.*

2. Durch **angehängte Wortbausteine (Suffixe)** wie

-bar: *wunderbar, brauchbar, veränderbar usw.*
-haft: *dauerhaft, fehlerhaft, krankhaft usw.*
-ig: *riesig, lebendig, prächtig usw.*
-isch: *diebisch, närrisch, kindisch usw.*
-lich: *weiblich, veränderlich, sächlich usw.*
-sam: *einsam, mühsam, schweigsam usw.*

3. Durch **Zusammensetzungen** mit anderen Wortarten (Nomen/Substantive, Verben usw.) oder weiteren Adjektiven, zum Beispiel:

eiskalt	*hellrot*	*schreibfaul*	*vorwitzig*	*dreiseitig*
steinhart	*dunkelblau*	*treffsicher*	*nachlässig*	*zweibeinig*
taghell	*altklug*	*rauflustig*	*überlaut*	*viereckig*

W 45 Das Pronomen (Fürwort)

Die meisten **Pronomen** (auch: Pronomina) sind **deklinierbar**.
Oft vertreten sie das Nomen, stehen also stellvertretend für ein Nomen. Daher kommt auch die deutsche Bezeichnung **Fürwort**.

Beispiel: ***Der Junge*** *besucht* ***die Großmutter.***
Er *besucht* ***sie.***

Pronomen können auch ein Nomen begleiten, auf dieses hinweisen, sich darauf beziehen oder danach fragen.

Beispiel: ***Dieses*** *ist* ***meine*** *Schultasche.*
Wer *kann* ***sich*** *daran erinnern?*

W 46 Die unterschiedlichen Pronomen im Überblick

Personalpronomen (persönliches Fürwort):	ich, du ...
Possessivpronomen (besitzanzeigendes Fürwort):	mein, dein ...
Demonstrativpronomen (hinweisendes Fürwort):	dieser, jener ...
Relativpronomen (bezügliches Fürwort):	der, welcher ...
Reflexivpronomen (rückbezügliches Fürwort):	sich, mich ...
Interrogativpronomen (fragendes Fürwort):	wer? was? ...
Indefinitpronomen (unbestimmtes Fürwort):	jemand, man ...

W 47 Das Personalpronomen

Personalpronomen (persönliche Fürwörter) stehen für Personen oder Sachen.

Beispiel: ***Das Mädchen*** *schlägt* ***den Nagel*** *mit dem Hammer in die Wand.*
Sie *schlägt* ***ihn*** *mit dem Hammer in die Wand.*

Mit **Personalpronomen** werden auch die **Personalformen** eines Verbs (s. W 06) gebildet (***ich*** *gehe,* ***du*** *gehst,* ***er, sie, es*** *geht* ...). Man unterscheidet jeweils im Singular und Plural drei Personen, die mit einem Personalpronomen bezeichnet werden können:

	Singular	**Plural**
die sprechende Person (1. Person):	ich	wir
die angesprochene Person (2. Person):	du	ihr
die Person oder Sache, über die gesprochen wird (3. Person):	er, sie, es	sie

W 48 Die Deklination der Personalpronomen

Singular	Kasus			
	Nominativ	Genitiv	Dativ	Akkusativ
1.	ich	meiner	mir	mich
2.	du	deiner	dir	dich
3.	er sie es	seiner ihrer seiner	ihm ihr ihm	ihn sie es
Plural				
1.	wir	unser	uns	uns
2.	ihr	euer	euch	euch
3.	sie	ihrer	ihnen	sie
höfliche Anrede				
	Sie	Ihrer	Ihnen	Sie

W 49 Das Possessivpronomen (besitzanzeigendes Fürwort)

Das **Possessivpronomen** zeigt den **Besitz** oder die **Zugehörigkeit** an. Es steht in der Regel vor dem Nomen/Substantiv, auf das es sich bezieht.

Beispiel: ***mein*** *Schreibstift,* ***unsere*** *Wohnung,* ***euer*** *Haus*

Zu jedem **Personalpronomen** gibt es ein passendes **Possessivpronomen**:

Personal-pronomen	Possessivpronomen im Nominativ Singular		
	Maskulinum	Femininum	Neutrum
ich	mein (Hund)	meine (Katze)	mein (Pferd)
du	dein	deine	dein
er	sein	seine	sein
sie	ihr	ihre	ihr
es	sein	seine	sein
wir	unser	unsere	unser
ihr	euer	eure	euer
sie	ihr	ihre	ihr

W 50 Die Deklination der Possessivpronomen

Personal-pron.	Kasus	Singular			Plural
		Maskulinum	Femininum	Neutrum	Mask., Fem., Neutr.
1. Pers. ich	Nominativ Genitiv Dativ Akkusativ	mein (Hund) meines meinem meinen	meine (Maus) meiner meiner meine	mein (Pferd) meines meinem mein	meine (Hunde, Mäuse, Pferde) meiner meinen meine
2. Pers. du	Nominativ Genitiv Dativ Akkusativ	dein deines deinem deinen	deine deiner deiner deine	dein deines deinem dein	deine deiner deinen deine
3. Pers. er, es	Nominativ Genitiv Dativ Akkusativ	sein seines seinem seinen	seine seiner seiner seine	sein seines seinem sein	seine seiner seinen seine
3. Pers. sie	Nominativ Genitiv Dativ Akkusativ	ihr ihres ihrem ihren	ihre ihrer ihrer ihre	ihr ihres ihrem ihr	ihre ihrer ihren ihre
1. Pers. wir	Nominativ Genitiv Dativ Akkusativ	unser unseres unserem unseren	unsere unserer unserer unsere	unser unseres unserem unser	unsere unserer unseren unsere
2. Pers. ihr	Nominativ Genitiv Dativ Akkusativ	euer eures eurem euren	eure eurer eurer eure	euer eures eurem euer	eure eurer euren eure
3. Pers. sie	Nominativ Genitiv Dativ Akkusativ	ihr ihres ihrem ihren	ihre ihrer ihrer ihre	ihr ihres ihrem ihr	ihre ihrer ihren ihre

Zu den Possessivpronomen gibt es ebenfalls eine Höflichkeitsform, die großgeschrieben wird.

Beispiel: *Wir werden uns um **Ihr** Anliegen kümmern.*

W 51 Das Demonstrativpronomen (hinweisendes Fürwort)

Demonstrativpronomen weisen auf eine Person, einen Gegenstand oder Sachverhalt hin. Oft stehen sie als Begleiter **vor einem Nomen**.

Beispiel: ***Dieses*** *Fahrrad wünsche ich mir zum Geburtstag.*
Ich erinnere mich nicht gern an ***jenes*** *Ereignis.*

Ein Demonstrativpronomen kann jedoch auch **für ein Nomen** stehen.

Beispiel: ***Dieses*** *ist mir zu teuer. (****Dieses*** *= Fahrrad)*

W 52 Die unterschiedlichen Demonstrativpronomen

Man unterscheidet folgende Demonstrativpronomen:

1. **der, die, das**
   Die Wörter werden in diesem Fall betont ausgesprochen und unterscheiden sich dadurch vom Artikel.

   Beispiel: ***Die*** *Hose gefällt mir nicht.*

2. **dieser, diese, dieses**
   Diese Demonstrativpronomen weisen noch etwas betonter als „der, die das“ auf etwas hin.

   Beispiel: ***Diese*** *Regel kann ich mir gut merken.*

3. **jener, jene, jenes**
   Mit diesen Demonstrativpronomen zeigt ein Sprecher häufig, dass er von einer Person oder Sache Abstand halten will. Oft besteht auch eine große räumliche oder zeitliche Entfernung.

   Beispiel: *In* ***jener*** *Zeit gab es noch kein elektrisches Licht.*
   Mit ***jenen*** *Menschen möchte ich nichts zu tun haben.*

4. **solcher, solche, solches – solch ein, solch eine, solch ein**
   Diese Demonstrativpronomen weisen auf die besondere Art einer Person oder Sache hin.

   Beispiel: *Einen* ***solchen*** *Erfolg haben wir nicht erwartet.*
   Solch ein *Mittelstürmer ist unbezahlbar.*

5. **derselbe, dieselbe, dasselbe**
   Diese Demonstrativpronomen deuten auf eine bekannte und bereits genannte Person oder Sache hin.

   Beispiel: *Wir fuhren mit* ***derselben*** *Fähre wie im letzten Jahr.*

6. **derjenige, diejenige, dasjenige**
   Diese Demonstrativpronomen weisen sehr oft auf eine Person oder Sache hin, die im weiteren Satzzusammenhang näher gekennzeichnet wird. Fast immer folgt ein Relativsatz (s. S 25).

   Beispiel: *Ich suche* ***diejenigen*** *Kinder, die meine Kirschen gepflückt haben.*

W 53 Die Deklination eines Demonstrativpronomens mit einem Nomen/Substantiv

Kasus	Singular			Plural
	Maskulinum	Femininum	Neutrum	Mask., Fem., Neutr.
Nominativ	dieser Weg	diese Wiese	dieses Land	diese Wege, Wiesen, Länder
Genitiv	dieses Weges	dieser Wiese	dieses Landes	dieser Wege, Wiesen, Länder
Dativ	diesem Weg	dieser Wiese	diesem Land	diesen Wegen, Wiesen, Ländern
Akkusativ	diesen Weg	diese Wiese	dieses Land	diese Wege, Wiesen, Länder

W 54 Das Relativpronomen (bezügliches Fürwort)

Das **Relativpronomen** leitet einen **Gliedsatz (Relativsatz/Attributsatz, s. S 25 und S 31)** ein, der durch Komma vom Hauptsatz abgetrennt wird. Häufig bezieht sich das Relativpronomen auf ein Nomen/Substantiv des übergeordneten Satzes. Es kann sich jedoch auch auf ein Pronomen oder den gesamten übergeordneten Satz beziehen.
Wenn es der Satzzusammenhang erfordert, kann vor ein Relativpronomen auch eine Präposition (s. W 76) treten.

W 55 Die unterschiedlichen Relativpronomen und ihr Bezug

Man unterscheidet folgende Relativpronomen: **der, die, das**
welcher, welche, welches
wer, was

1. **Relativpronomen** mit Bezug zu einem **Nomen/Substantiv** des übergeordneten Satzes.
   Beispiel: *Das Haus, **das** am Ende der Straße steht, hat grüne Fensterrahmen.*
   *Der Junge, **mit dem** ich immer gespielt habe, ist in eine andere Stadt gezogen.*
   *Die Katze, **die (welche)** mir zugelaufen ist, hat sich schnell erholt.*
2. **Relativpronomen** mit Bezug zu einem **Pronomen** aus dem übergeordneten Satz.
   Beispiel: *Das, **was** ich dir versprochen habe, werde ich auch halten.*
   Ich suche *diejenigen, **die (welche)** mich im Zug angesprochen haben.*
3. **Relativpronomen** mit Bezug zum **gesamten übergeordneten Satz**.
   Beispiel: *Ich verstehe gut, **was** du meinst.*
   ***Wer** Interesse hat, kann mit in die Ausstellung gehen.*

W 56 Die Deklination des Relativpronomens „der, die, das"

Kasus	Singular			Plural
	Maskulinum	Femininum	Neutrum	
Nominativ	der	die	das	die
Genitiv	dessen	deren	dessen	deren
Dativ	dem	der	dem	denen
Akkusativ	den	die	das	die

W 57 Das Reflexivpronomen (rückbezügliches Fürwort)

Das **Reflexivpronomen** bezieht sich im Satzzusammenhang immer zurück auf das Satzglied **Subjekt**, das über die handelnde Person oder den genannten Gegenstand informiert (s. S 02). Reflexivpronomen und Subjekt bezeichnen im Satz somit dieselbe Person oder denselben Gegenstand.

Beispiel: *Die Reporter informieren* ***sich*** *über das Ereignis.*

Du bemühst ***dich*** *um eine lesbare Handschrift.*

Ich gönne ***mir*** *eine Pause.*

Einige **Verben** erscheinen immer nur im Zusammenhang **mit einem Reflexivpronomen**, zum Beispiel: sich erinnern, sich anfreunden, sich aufregen, sich benehmen, sich unterhalten ...

W 58 Die Deklination der Reflexivpronomen

Reflexivpronomen erscheinen im Satzzusammenhang überwiegend im Dativ oder Akkusativ. Der Genitiv kommt selten vor. Der Nominativ entfällt.

Kasus	**Singular**		
	1. Pers.	**2. Pers.**	**3. Pers.**
Nominativ	–	–	–
Genitiv	meiner	deiner	seiner selbst (ihrer selbst)
Dativ	mir	dir	sich
Akkusativ	mich	dich	sich

Kasus	**Plural**		
	1. Pers.	**2. Pers.**	**3. Pers.**
Nominativ	–	–	–
Genitiv	unser	euer	ihrer selbst
Dativ	uns	euch	sich
Akkusativ	uns	euch	sich

W 59 Das Interrogativpronomen (fragendes Fürwort)

Interrogativpronomen leiten Fragen nach einer Person, einer Sache oder einem Vorgang ein. Sie können **für ein Nomen/Substantiv** oder als Begleiter **vor einem Nomen/Substantiv** stehen.

Beispiel: ***Wer*** *leiht mir sein Fahrrad?*
Welches *Fahrrad soll ich mir kaufen?*

Vor einem Interrogativpronomen kann manchmal eine **Präpositon** (s. W 76) stehen.

Beispiel: ***An welches*** *Spiel erinnerst du dich besonders gern?*

W 60 Die unterschiedlichen Interrogativpronomen

Man unterscheidet folgende Interrogativpronomen:

wer? was?
welcher? welche? welches? (welch ein? welch eine? welch ein?)
was für ein? was für eine?

1. Das Pronomen **wer** fragt immer nach Lebewesen.
   Beispiel: ***Wer*** *hat das Bonbon gegessen?*
2. Das Pronomen **was** fragt nach Gegenständen, Handlungen oder Vorgängen.
   Beispiel: ***Was*** *hast du heute gemacht?*
3. Mit den Pronomen **welcher, welche, welches** wird häufig nach einer Person oder Sache gefragt, die zu einer Gruppe gehört.
   Beispiel: ***Welche*** *Schülerin hat heute Zeit?*
   Auf welchem *Campingplatz hast du Urlaub gemacht?*
4. Auch bei Ausrufen verwendet man das Pronomen **welcher, welche, welches**. Zwischen Pronomen und Nomen tritt dann oft ein unbestimmter Artikel.
   Beispiel: ***Welch ein (welches)*** *Glück!*
5. Mit dem Pronomen **was für ein** fragt man nach der Beschaffenheit und näheren Kennzeichnung eines Gegenstandes oder eines Lebewesens.
   Beispiel: ***Was für ein*** *Kleid wünschst du dir?*

Achtung: Fragewörter wie „wann?", „weshalb?", „wo?" „wie?"... sind keine Interrogativpronomen, sondern Frageadverbien (s. W 75). Sie stehen nicht stellvertretend für ein Nomen/Substantiv und können es auch nicht begleiten.

W 61 Die Deklination des Interrogativpronomens „wer?“ – „was?“

Kasus	Singular und Plural		
	Maskulinum	**Femininum**	**Neutrum**
Nominativ	wer?	wer?	was?
Genitiv	wessen?	wessen?	wessen?
Dativ	wem?	wem?	wem?
Akkusativ	wen?	wen?	was?

W 62 Die Deklination des Interrogativpronomens „welcher?“ – „welche?“ – „welches?“

Kasus	Singular			Plural
	Maskulinum	**Femininum**	**Neutrum**	
Nominativ	welcher?	welche?	welches?	welche?
Genitiv	welchen?	welcher?	welchen?	welcher?
Dativ	welchem?	welcher?	welchem?	welchen?
Akkusativ	welchen?	welche?	welches?	welche?

W 63 Das Indefinitpronomen (unbestimmtes Fürwort)

Indefinitpronomen bezeichnen ganz allgemein und unbestimmt Personen oder Sachen. Häufig ist auch eine nicht weiter bestimmte Anzahl gemeint. Indefinitpronomen können **für ein Nomen/Substantiv** oder als Begleiter **vor einem Nomen/Substantiv** stehen. Die meisten Indefinitpronomen sind deklinierbar (Ausnahmen zum Beispiel: man, etwas).

Beispiel: *Ich spreche **jemand(en)** an.*
*Ich wäre gern **einige** Minuten länger geblieben.*
***Man** konnte es nicht voraussehen.*

Die **wichtigsten Indefinitpronomen** sind:

man, jemand, niemand, einer, keiner, jeder, einzelner, mancher, irgendeiner, irgendwer, irgendwas, irgendwelche, einige, ein paar, mehrere, viele, alle, sämtliche, wenige, etliche, etwas, nichts.

W 64 Die Deklination der Indefinitpronomen „jemand“, „niemand“, „keiner“

Kasus	Indefinitpronomen		
Nominativ	jemand	niemand	keiner
Genitiv	jemandes	niemandes	keines
Dativ	jemand(em)	niemand(em)	keinem
Akkusativ	jemand(en)	niemand(en)	keinen

Das Numerale (Zahlwort)

W 65 **Numeralien** sind die Wörter, mit denen man **Mengen** zählt und **Strecken**, **Räume** und **Zeiten** misst. Viele ähneln sehr stark den Adjektiven. Sie können jedoch nur zum Teil dekliniert werden.

Beispiel: *Eine Fußballmannschaft besteht aus* ***elf*** *Spielern.*
Der ***erste*** *Monat im Jahr heißt Januar.*
Die Bremsspur betrug ***vier*** *Meter.*

W 66 Die unterschiedlichen Numeralien

Man unterscheidet folgende Zahlwörter:

1. **Kardinalzahlen (Grundzahlen):** *eins, zwei, drei, zehn, hundert, tausend ...*
   Kardinalzahlen werden in der Regel nicht dekliniert. Eine Ausnahme bildet die Zahl eins, wenn sie wie der unbestimmte Artikel vor einem Nomen steht.

   Beispiel: *Du hast noch* ***einen*** *Wunsch frei.*

   Zu den **Kardinalzahlen** zählen auch die **Wiederholungszahlen** *(dreimal, viermal, zehnmal ...).*

2. **Ordinalzahlen (Ordnungszahlen):** *der erste, zweite, dritte, zehnte, hundertste, tausendste Besucher*

   Ordinalzahlen werden **wie ein Adjektiv** zusammen mit ihrem Nomen **gebeugt *(dekliniert)***.
   Beispiel: *Wir beglückwünschen* ***den tausendsten*** *Besucher der Ausstellung.*

   Von den **Ordinalzahlen** werden die **Bruchzahlen** *(ein Drittel, ein Viertel, ein Zehntel ...)* und die **Einteilungszahlen** *(erstens, zweitens, zehntens ...)* abgeleitet.
   Bruchzahlen, die vor Maßangaben stehen, werden kleingeschrieben (*ein viertel Kilogramm*) oder mit der Maßangabe zusammengeschrieben (*ein Viertelkilogramm*).
   Bruchzahlen, die allein stehen, sind grammatisch Nomen/Substantive und werden großgeschrieben.

W 67 Deklination einer Ordinalzahl mit einem Nomen im Maskulinum

Kasus	Singular	Plural
Nominativ	der erste Tag	die ersten Tage
Genitiv	des ersten Tages	der ersten Tage
Dativ	dem ersten Tag	den ersten Tagen
Akkusativ	den ersten Tag	die ersten Tage

W 68 Das Adverb (Umstandswort)

Adverbien dienen vor allem dazu, innerhalb eines Satzes die **Umstände des Geschehens** näher zu kennzeichnen (Zeit, Ort, Grund ...). Sie verändern im Satzzusammenhang nicht ihre Form, sind also **nicht flektierbar**.
Häufig bilden sie ein eigenständiges Satzglied.

Beispiel: *(**Morgen**) (besuche) (ich) (meine Freundin).*
*(Ich) (sehe) (**dort**) (die neue Sprungschanze).*

W 69 Die unterschiedlichen Adverbien

Man unterscheidet folgende Adverbien:

- **Lokaladverb** (Umstandswort des Ortes)
- **Temporaladverb** (Umstandswort der Zeit)
- **Modaladverb** (Umstandswort der Art und Weise)
- **Kausaladverb** (Umstandswort des Grundes)
- **Relativadverb** (Umstandswort, das eine Beziehung ausdrückt)
- **Interrogativadverb** (Umstandswort, mit dem man fragt)

W 70 1. Das Lokaladverb (Umstandswort des Ortes)

Lokaladverbien geben Auskunft über den Ort des Geschehens. Man erfragt sie mit: **Wo? Wohin? Woher?**

Wichtige Lokaladverbien sind: hier, da, dort, oben, unten, draußen, drinnen, innen, außen, hierher, nirgendwo, dorthin, rechts, links, bergauf, bergab, aufwärts, abwärts, vorn, hinten, überall ...

Beispiel: *__Draußen__ stürmte es fürchterlich.*
Am Morgen wanderten wir eine Stunde __bergauf__.

W 71 2. Das Temporaladverb (Umstandswort der Zeit)

Temporaladverbien ordnen das im Satz ausgedrückte Geschehen in eine bestimmte Zeit ein. Man erfragt sie mit: **Wann? Wie lange? Seit wann? Wie oft?**

Wichtige Temporaladverbien sind: jetzt, heute, nun, bald, gestern, morgen, neulich, zuerst, zuletzt, dann, damals, bereits, noch, niemals, morgens, abends, mittags, seither, vorher, nachher, demnächst, sofort, inzwischen, endlich, immer, oft, nie, nochmals, stets, zeitweise ...

Beispiel: *Mein Bruder kam __gestern__ in Frankfurt an.*
__Morgens__ gehe ich __immer__ zum Schwimmen.

W 72 **3. Das Modaladverb (Umstandswort der Art und Weise)**

Modaladverbien beschreiben näher, auf welche Art und Weise sich eine Handlung vollzieht. Man erfragt sie mit: **Wie? Auf welche Weise? Wie sehr?**

Wichtige Modaladverbien sind:

gern, sehr, anders, vergebens, ebenso, ebenfalls, gleichsam, teilweise, möglicherweise, paarweise, äußerst, sogar, nur, vielleicht, nicht, noch, überaus, kaum, fast ...

Beispiel: *Andrea geht* ***gern*** *in den Zirkus.*
Fast *hätte ich vergessen dir zu gratulieren.*

W 73 **4. Das Kausaladverb (Umstandswort des Grundes)**

Kausaladverbien geben den Grund, den Zweck, das Mittel oder die Bedingung an, unter denen etwas geschieht. Man erfragt sie mit: **Warum? Weshalb? Wozu? Wofür? Womit? Unter welcher Bedingung?** Kausaladverbien verdeutlichen häufig den gedanklichen Zusammenhang von zwei Aussagen und können die Aufgabe einer Konjunktion (s. W 78–79) übernehmen.

Wichtige Kausaladverbien sind:

darum, deshalb, daher, folglich, deswegen, trotzdem, dennoch, dafür, also, infolgedessen, denn, somit, dadurch, hiermit, nämlich ...

Beispiel: *Andrea verletzte sich.* ***Deshalb*** *konnte sie den Wettkampf nicht fortsetzen.*
Wir haben uns ***dennoch*** *erholt.*

W 74 **5. Das Relativadverb (Umstandswort, das eine Beziehung ausdrückt)**

Relativadverbien leiten einen **Nebensatz/Gliedsatz** (**Relativsatz,** s. S 25) ein. Sie beziehen sich auf ein Nomen des Hauptsatzes oder auf den gesamten Hauptsatz. Im Gegensatz zu den Relativpronomen (s. W 54–56) sind sie nicht flektierbar.

Zu den Relativadverbien gehören: wo, wohin, weshalb, worüber ...

Beispiel: *Kennst du das Land,* ***wo*** *die Zitronen blühen?*
Ich weiß nicht, ***worüber*** *ich mit dir reden soll.*

W 75 **6. Das Interrogativadverb (Umstandswort, mit dem man fragt)**

Frageadverbien leiten **Fragesätze** (Ergänzungsfragen; s. S 18) ein, die sich auf die näheren Umstände eines Geschehens beziehen. Von den Fragepronomen unterscheiden sie sich, weil sie nicht vor einem Nomen oder für ein Nomen stehen.

Die wichtigsten Interrogativadverbien sind: Wo? Wohin? Woher? (lokal)
Wann? Wie oft? Wie lange? (temporal)
Wie? (modal)
Warum? Weshalb? (kausal)
Wozu? Wofür? (final)
Womit? Wodurch? (instrumental)

Beispiel: ***Wo*** *liegt der schöne Ort Medebach?*
Wann *sehen wir uns wieder?*
Womit *hast du dieses Bild gemalt?*

W 76 Die Präposition (Verhältniswort)

Mit **Präpositionen** können die Glieder eines Satzes in Beziehung gesetzt werden. So können mit Präpositionen zum Beispiel **räumliche** (vor, hinter), **zeitliche** (bis, nach) oder **ursächliche** (wegen, infolge) **Beziehungen/Verhältnisse** deutlich gemacht werden.
Präpositionen stehen sehr häufig **vor einem Nomen oder Pronomen**. Gelegentlich verschmelzen sie mit dem bestimmten Artikel (im – in dem; vorm – vor dem).

Beispiel: *Die Katze sitzt **auf** der Mauer.*
Vor ihr liegt ein kleiner Ball.
Im (in dem) Wald hat sich die Maus versteckt.

W 77 Präpositionen und die geforderten grammatischen Fälle

Präpositionen erfordern von dem Nomen oder Pronomen, vor dem sie stehen, jeweils einen bestimmten grammatischen Fall. So kann man sie folgendermaßen einteilen:

1. Präpositionen mit dem Genitiv:
aufgrund, anstelle, anlässlich, außerhalb, innerhalb, diesseits, jenseits, unweit, ungeachtet, während, wegen, trotz, zugunsten, ...

Beispiel: ***Wegen** des schlechten Wetters mussten wir eine Pause einlegen.*
***Trotz** einer Verletzung spielte der Mittelstürmer.*

2. Präpositionen mit dem Dativ:
aus, bei, von, nach, außer, zu, seit, mit, entgegen, entsprechend, ...

Beispiel: *Er spielt **mit** der Eisenbahn.*
*Wir treffen uns **bei** mir.*

3. Präpositionen mit dem Akkusativ:
für, durch, um, ohne, gegen, wider, ...

Beispiel: *Er läuft **durch** den Wald.*
***Ohne** festes Schuhwerk sollte man nicht wandern.*

4. Präpositionen mit dem Dativ oder Akkusativ:
an, hinter, neben, in, über, unter, vor, zwischen, ...

Dativ **wo?**	**Akkusativ** **wohin?**
*Wir treffen uns **in** dem Gartenhaus.* *Er hat sich **unter** dem Tisch versteckt.* *Der Eimer steht **neben** dem Schrank.*	*Wir ziehen **in** das Gartenhaus.* *Er kriecht **unter** den Tisch.* *Ich stelle den Eimer **neben** den Schrank.*

Die Konjunktion (Bindewort)

W 78 **Konjunktionen** verbinden **Wörter, Wortgruppen oder Sätze** miteinander.

Beispiel: *Klaus* ***und*** *Andrea sitzen in der Schule nebeneinander.*
Klaus liest am liebsten Krimis von Agatha Christie ***oder*** *spannende Abenteuerbücher.*
Andrea bleibt heute zu Hause, ***weil*** *sie erkältet ist.*

Man unterscheidet **nebenordnende Konjunktionen** und **unterordnende Konjunktionen**.

W 79 Nebenordnende Konjunktionen

Werden **grammatisch gleichwertige Wörter, Wortgruppen oder Sätze (zum Beispiel Hauptsätze)** miteinander verbunden, spricht man von **nebenordnenden Konjunktionen**. Häufig verdeutlichen sie den logischen Zusammenhang zwischen den verbundenen Wörtern, Wortgruppen oder Sätzen. Adverbien (s. W 73) können die Aufgabe von Konjunktionen übernehmen.

Wichtige nebenordnende Konjunktionen sind:
und, oder, auch, sowie, zudem, ferner, sowohl - als auch, weder - noch, nicht nur - sondern auch, aber, dennoch, andernfalls, also, genauso, insofern, denn, somit, daher, darum, trotzdem...

Beispiel: *Jannis, Marius* ***oder*** *Lukas können im Tor spielen.*
Jonas ist klein, ***aber*** *schnell.* ***Deshalb*** *spielt er im Angriff.*
Tobias hat sich am Fuß verletzt, ***trotzdem*** *spielt er weiter.*

W 80 Unterordnende Konjunktionen

Unterordnende Konjunktionen **leiten einen Gliedsatz/Nebensatz ein** und verbinden diesen mit einem grammatisch übergeordneten Hauptsatz.

Wichtige unterordnende Konjunktionen sind:
dass, als, nachdem, bevor, während, weil, da, wenn, so dass (auch: sodass), indem, obwohl, obgleich, damit, anstatt dass... (s. S 24, 32)

Beispiel: *Wir machten einen Spaziergang,* ***nachdem*** *wir gegessen hatten.*
Wenn *es regnet, bleiben wir in der Klasse.*

Satzlehre

S 01 Was ist ein Satzglied?

Sätze bestehen nicht aus lose aneinander gereihten Wörtern, sondern aus **Satzgliedern**, die unterschiedliche Aufgaben im Satz übernehmen. **Satzglieder** können **aus einem Wort**, aber auch **aus mehreren Wörtern**, die zu einer Wortgruppe gehören, bestehen.
Welche Wörter eines Satzes jeweils ein Satzglied bilden, findet man heraus, wenn man versucht sie umzustellen. Man spricht auch von der **Umstellprobe**. Einzelne Wörter oder Wortgruppen, die sich bei der Umstellprobe verschieben lassen, bilden ein Satzglied.

Beispiel:

Andrea	*schenkte*	*gestern*	*ihrem Freund*	*einen kleinen Hund.*
Gestern	*schenkte*	*Andrea*	*ihrem Freund*	*einen kleinen Hund.*
Einen kleinen Hund	*schenkte*	*Andrea*	*ihrem Freund*	*gestern.*
Ihrem Freund	*schenkte*	*Andrea*	*gestern*	*einen kleinen Hund.*

Die unterschiedlichen Satzglieder und ihre Aufgaben

S 02 Das Subjekt (Satzgegenstand)

Das Satzglied **Subjekt** drückt aus, **wer oder was** etwas tut oder **wer oder was** etwas ist. Es besteht immer aus einem Pronomen oder Nomen/Substantiv, zu dem weitere Wörter hinzukommen können. Das Subjekt steht immer im **Nominativ (1. Fall)**.
Das Subjekt antwortet auf die Frage: **Wer oder was…?**

Beispiel: ***Die kleinen Kinder*** *spielen auf dem Hof.*
Frage: ***Wer (oder was)*** *spielt auf dem Hof?*
Antwort: ***Die kleinen Kinder*** = **Subjekt**

Beispiel: ***Das Wasser*** *ist kalt.*
Frage: ***(Wer oder) was*** *ist kalt?*
Antwort: ***Das Wasser*** = **Subjekt**

Beispiel: *Morgen besuchen* ***wir*** *euch.*
Frage: ***Wer (oder was)*** *besucht euch morgen?*
Antwort: ***Wir*** = **Subjekt**

Das **Subjekt** kann auch die **Form eines Gliedsatzes** haben. Man spricht dann vom **Subjektsatz** (s. S 29).

S 03

Das Prädikat (Satzaussage)

Das **Prädikat** drückt aus, was das Subjekt (die Person, der Gegenstand…) tut, was es ist oder was mit ihm geschieht. Das Prädikat besteht immer aus der **konjugierten Form eines Verbs**.
Das Prädikat antwortet auf die Frage: **Was tut…? Was geschieht…?**

Beispiel: *Der Hund* ***bellt*** *in seinem Zwinger.*
Frage: ***Was tut*** *der Hund?*
Antwort: *(Er)* ***bellt*** = **Prädikat**

Das **Prädikat** kann auch **aus zwei Teilen** bestehen. Man spricht dann von einer **Prädikatsklammer**, weil das Prädikat andere Satzglieder einschließt.

Beispiel: *Morgen* ***rufe*** *ich dich* ***an****.*
Frage: ***Was tue*** *ich morgen?*
Antwort: *(Ich)* ***rufe*** *(dich)* ***an*** = **Prädikat**

Beispiel: *Das Auto* ***wird*** *aus dem Graben* ***gezogen****.*
Frage: ***Was geschieht*** *mit dem Auto?*
Antwort: *(Es)* ***wird*** *(aus dem Graben)* ***gezogen*** = **Prädikat**

S 04

Das Prädikativ (Artergänzung, Gleichsetzungsnominativ)

Das **Prädikativ** ist eine Ergänzung der Hilfsverben ***sein*** und ***werden*** und sehr eng mit dem Prädikat verbunden. Inhaltlich bezieht es sich auf das Subjekt. Es ist ein eigenständiges Satzglied, weil es umgestellt werden kann. Auch die Verben ***bleiben*** und ***gelten als*** erfordern ein Prädikativ.
Das Prädikativ kann auf unterschiedliche Weise gebildet werden, zum Beispiel:

mit einem **Adjektiv**, das nicht dekliniert ist

Beispiel: *Die Katze ist* ***zahm****.*
Das Wetter wird ***schlechter****.*

mit einem **Nomen und weiteren Wortarten im Nominativ (Gleichsetzungsnominativ)**

Beispiel: *Lukas ist* ***mein bester Freund****.*
Andrea gilt als ***gute Basketballspielerin****.*

mit einem **Numerale**

Beispiel: *Sie waren* ***zu dritt****.*

S 05

Das Objekt (Satzergänzung)

Viele Prädikate erfordern weitere Satzglieder, damit ein sinnvoller Satz entsteht. Zu diesen Satzgliedern zählen auch die **Objekte**, die das **Ziel der Handlung** oder den Gegenstand bzw. die Person, die von dieser Handlung betroffen ist, nennen. Objekte bestehen wie das Subjekt mindestens aus einem **Nomen/Substantiv oder Pronomen**. Zu dem Nomen/Substantiv können weitere Wortarten hinzukommen.

Man unterscheidet folgende Objekte:

S 06

Das Akkusativobjekt

Das **Akkusativobjekt** antwortet auf die Frage: **Wen oder was?**

Beispiel: *Klaus besucht seinen Freund.*
Frage: *Wen (oder was) besucht Klaus?*
Antwort: *seinen Freund* = **Akkusativobjekt**

Beispiel: *Dieses Spiel habe ich mir gewünscht.*
Frage: *(Wen oder) was habe ich mir gewünscht?*
Antwort: *dieses Spiel* = **Akkusativobjekt**

S 07

Das Dativobjekt

Das **Dativobjekt** antwortet auf die Frage: **Wem?**

Beispiel: *Andrea hilft ihrem Bruder.*
Frage: *Wem hilft Andrea?*
Antwort: *ihrem Bruder* = **Dativobjekt**

S 08

Das Genitivobjekt

Das **Genitivobjekt** kommt sehr selten und nur in Verbindung mit wenigen Verben vor; z.B.: gedenken, sich bemächtigen, bedürfen.
Das Genitivobjekt antwortet auf die Frage: **Wessen?**

Beispiel: *Wir gedenken unserer Verstorbenen.*
Frage: *Wessen gedenken wir?*
Antwort: *unserer Verstorbenen* = **Genitivobjekt**

S 09 Das präpositionale Objekt

Bestimmte Verben stehen eng mit einer Präposition in Verbindung und erfordern Objekte, die mit diesen Präpositionen eingeleitet werden. Die Präpositionen verlangen wiederum einen bestimmten Kasus (Fall) des folgenden Nomens/Substantivs. Man unterscheidet: **präpositionales Dativobjekt und präpositionales Akkusativobjekt**.
Präpositionale Objekte antworten entsprechend den verwendeten Präpositionen auf Fragen wie: worauf/ auf wen oder was, wofür/für wen oder was, woraus, woran, worüber…

Ein **präpositionales Objekt** erfordern zum Beispiel folgende Verben:

achten auf, arbeiten an, abhängen von, anfangen mit, beginnen mit, aufhören mit, sich aufregen über, sich bedanken für, berichten über, bestehen aus, anknüpfen an, sich ärgern über, sich streiten um…

Beispiel: *Ich bedanke mich für das Geschenk.*
Frage: *Wofür/Für (wen oder) was bedanke ich mich?*
Antwort: *für das Geschenk* = **präpositionales Akkusativobjekt**

Beispiel: *Ich beginne jetzt mit meiner Rede.*
Frage: *Womit/Mit (wem oder) was beginne ich jetzt?*
Antwort: *mit meiner Rede* = **präpositionales Dativobjekt**

Das **Objekt** kann auch die **Form eines Gliedsatzes** haben. Man spricht dann vom **Objektsatz** (s. S 30).

S 10 Das Adverbiale (Umstandsbestimmung, adverbiale Bestimmung)

Mit **Adverbialien** kann man die **Umstände eines Geschehens (Zeit, Ort, Grund…)** näher kennzeichnen. Adverbialien können auf unterschiedliche Weise gebildet werden, zum Beispiel:

mit einem **Adverb**

Beispiel: *Andreas steht dort.*

mit einem **Adjektiv**

Beispiel: *Karoline singt laut.*

mit einer **Präposition, einem Nomen/Substantiv und weiteren Wortarten**

Beispiel: *Wegen des schlechten Wetters bleiben wir im Haus.*

mit einem **Gliedsatz** (s. S 32)

Beispiel: *Monika freute sich, weil sie drei Tore geschossen hatte.*

S 11 ## Die unterschiedlichen Adverbialien

1. Lokaladverbiale – Umstandsbestimmung des Ortes und der Richtung

Frage: Wo? Wohin? Woher?
Beispiel: *Auf der Autobahn ereignete sich ein Unfall.*

2. Temporaladverbiale – Umstandsbestimmung der Zeit

Frage: Wann? Wie lange? Seit wann? Wie oft?
Beispiel: *Am Donnerstag feiere ich meinen Geburtstag.*

3. Modaladverbiale – Umstandsbestimmung der Art und Weise

Frage: Wie? Auf welche Art und Weise?
Beispiel: *Der Fußballspieler trainiert fleißig.*

4. Instrumentaladverbiale – Umstandsbestimmung des Mittels

Frage: Mit welchem Mittel? Womit?
Beispiel: *Er schlägt den Nagel mit dem Hammer in die Wand.*

5. Kausaladverbiale – Umstandsbestimmung des Grundes

Frage: Warum? Weshalb?
Beispiel: *Vor Freude machte er einen Luftsprung.*

6. Weitere Adverbialien antworten auf die Fragen:

Frage: Unter welcher Bedingung? (Konditionaladverbiale)
Beispiel: *Ohne Fahrkarte darf man nicht Zug fahren.*

Frage: Mit welcher Wirkung? (Konsekutivadverbiale)
Beispiel: *Er arbeitet zu meiner Zufriedenheit.*

Frage: Zu welchem Zweck? (Finaladverbiale)
Beispiel: *Ich gebe dir zum Einkaufen Geld.*

Frage: Trotz welchen Umstandes? (Konzessivadverbiale)
Beispiel: *Trotz des Regens wandern wir.*

S 12 Das Attribut (Beifügung)

Attribute haben im Satz fast immer die Aufgabe, ein **Nomen/Substantiv** näher zu bestimmen. Sie sind keine eigenständigen Satzglieder, weil sie nur zusammen mit ihrem **Bezugsnomen** umgestellt werden können. Man nennt sie deshalb **Satzgliedteile**. Attribute können jedes Satzglied erweitern, das aus einem Nomen/Substantiv gebildet wird.
Attribute stehen entweder **vor oder hinter ihrem Bezugsnomen**.
Man erfragt sie mit: **Was für einer? Was für eine? Was für ein?**

Beispiel:

Ein **kleiner** Rauhaardackel	verfolgte	vorgestern	den Hausmeister **der Schule**.
Attribut (Bezugsnomen)			(Bezugsnomen) Attribut
Subjekt	**Prädikat**	**Adverbiale**	**Akkusativobjekt**

Vorgestern	verfolgte	ein **kleiner** Rauhaardackel	den Hausmeister **der Schule**.
Den Hausmeister **der Schule**	verfolgte	vorgestern	ein **kleiner** Rauhaardackel.

S 13 Die wichtigsten Attributarten

1. Das Adjektivattribut
Das Adjektivattribut steht fast immer vor dem Bezugsnomen. Es kann auch aus dem Partizip I oder II eines Verbs gebildet werden.

Beispiel: *Das **mutige** Mädchen klettert auf einen **hohen** Baum.*
*Ich mag **spielende** Kinder.*
*Ein Polizist hat den **gestohlenen** Schmuck im Stadtpark gefunden.*

2. Das Genitivattribut
Das Genitivattribut wird aus einem Nomen im Genitiv gebildet. Es steht meistens hinter dem Bezugsnomen.

Beispiel: *Der Kopfball **des Mittelstürmers** knallte an die Torlatte.*

3. Das präpositionale Attribut
Das präpositionale Attribut steht hinter dem Bezugsnomen. Mit einer Präposition sind Bezugsnomen und Attribut verbunden.

Beispiel: *Das Haus **an der Bergstraße** wird im August verkauft.*

4. Die Apposition
Die Apposition besteht aus einem nachgestellten Nomen, das den gleichen Kasus (Fall) wie das Bezugsnomen hat. Sehr oft wird es durch Kommas vom Bezugsnomen und dem übrigen Satz abgetrennt. Wenn die Apposition Teil eines Namens ist, fehlen die Kommas.

Beispiel: *Andreas, **unser bester Spieler**, hat sich verletzt.*
*Karl **der Große** wurde 800 zum Kaiser gekrönt.*

5. Das adverbiale Attribut

Das adverbiale Attribut besteht aus einem Adverb und steht fast immer hinter dem Bezugsnomen.

Beispiel: *In dem Baum* ***dort*** *nistet ein Vogelpaar.*

6. Der Attributsatz (s. S 31)

Der Attributsatz ist ein Gliedsatz, der meistens durch ein Relativpronomen (s. W 54) eingeleitet wird.
Dieses Relativpronomen verknüpft den Attributsatz mit einem Nomen (Bezugsnomen) aus dem Hauptsatz.

Beispiel: *Die Turnschuhe,* ***die ich mir gerade erst gekauft hatte****, habe ich auf dem Sportplatz vergessen.*

Attribute können auch gebildet werden aus einem Numerale oder einem Pronomen.

Beispiel: ***zwei*** *Sekunden,* ***hundert*** *Tage;* ***meine*** *Jacke,* ***unsere*** *Wohnung*

S 14 Satzglieder und Satzgliedteile im Überblick

An einem schönen Ferientag im August	*besuchen*	*Jannis und Jonas*	*ihre Oma.*
Adjektivattribut, Präp.-Attribut			
Temporaladverbiale	**Prädikat**	**Subjekt**	**Akkusativobjekt**

Im Garten	*spielen*	*sie*	*ausgelassen*	*mit ihrem neuen Lederfußball.*
				Adjektivattribut
Lokaladverbiale	**Prädikat**	**Subj.**	**Modaladverbiale**	**Instrumentaladverbiale**

Die Obstbäume, die auf dem Rasen stehen,	*sind*	*die Torpfosten.*
Attributsatz		
Subjekt	**Prädikat**	**Prädikativ**

Jonas	*schießt*	*aus Übermut*	*den Ball*	*über das Dach der Garage.*
				Genitivattribut
Subjekt	**Prädikat**	**Kausaladverbiale**	**Akk.-Obj.**	**Lokaladverbiale**

Am frühen Abend	*backt*	*ihnen*	*die Oma*	*leckere Kartoffelpuffer, ihre Spezialität.*
Adjektivattribut				Adjektivattribut, Apposition
Temporaladverbiale	**Prädikat**	**Dativobjekt**	**Subjekt**	**Akkusativobjekt**

S 15

Die unterschiedlichen Hauptsatzarten

Wenn man spricht, will man etwas Bestimmtes erreichen; man hat eine bestimmte **Sprechabsicht**. Die unterschiedlichen Sprechabsichten kann man unter drei Gesichtspunkten ordnen: Man **teilt etwas mit, fordert zu etwas auf** oder **fragt bzw. will etwas wissen**.
So ergeben sich die **drei Satzarten**, die auch am Satzschlusszeichen zu erkennen sind.

S 16

1. Der Aussagesatz

Sprechabsicht: mitteilen, erzählen, beschreiben, behaupten
Satzschlusszeichen: **Punkt**

Die konjugierte Verbform bildet im Aussagesatz das zweite Satzglied.

Beispiel: *Der Unterricht **beginnt** um 8.00 Uhr.*
*Es **war** einmal ein König.*
*Der Tisch **ist** rund.*
*Das Auto **ist** zu schnell gefahren.*

S 17

2. Der Aufforderungssatz

Sprechabsicht: auffordern, befehlen, bitten, wünschen
Satzschlusszeichen: **Ausrufezeichen**

Im Aufforderungssatz steht die Verbform an erster Stelle.

Beispiel: ***Komm** zu mir!*
***Seid** nicht so laut!*

Anstelle des Ausrufezeichens steht am Ende eines Aufforderungssatzes ein Punkt, wenn die Aufforderung ohne Nachdruck gesprochen wird.

Beispiel: ***Reich** mir bitte den Brotaufstrich.*

S 18

3. Der Fragesatz

Sprechabsicht: fragen, etwas erfahren/wissen wollen
Satzschlusszeichen: **Fragezeichen**

a) **Entscheidungsfrage** (Antwort: ja/nein/vielleicht)
Die konjugierte Verbform steht an erster Stelle.

Beispiel: ***Spielst** du mit mir?*

b) **Ergänzungsfrage** (mit Fragewort)
Die konjugierte Form des Verbs steht an zweiter Stelle.

Beispiel: *Warum **spielst** du nicht mit mir?*

S 19 Satzart und Sprechabsicht

Satzart und Sprechabsicht müssen nicht immer übereinstimmen. So kann man zum Beispiel mit einem Satz, der wie ein Fragesatz gebaut ist, zu etwas auffordern. Das Satzzeichen richtet sich dann nach der Sprechabsicht.

Beispiel: *Kommst du jetzt endlich ins Haus!*

Mit einem Satz, der wie ein Aussagesatz gebaut ist, kann man ebenfalls zu etwas auffordern. Dazu gehören auch Sätze, deren Prädikat aus einem Modalverb (s. W 03) besteht.

Beispiel: *Du hast schon wieder die Haustür nicht abgeschlossen!*
Ihr müsst unbedingt vorsichtiger fahren!

S 20 Die Satzreihe

Vollständige Hauptsätze, die durch eine nebenordnende Konjunktion (Bindewort, s. W 79) miteinander verbunden sind oder durch einen Punkt, ein Komma oder ein Semikolon getrennt werden, bilden eine **Satzreihe**.

Beispiel: *Draußen regnet es. Deshalb bleiben wir im Haus.*
Sabine liest ein Buch, ihr Bruder geht ins Kino(,) und ihr Freund spielt Fußball.
Ich würde dich gern besuchen; doch ich habe keine Zeit.

S 21 Die unterschiedlichen Gliedsätze – das Satzgefüge

Satzgefüge bestehen aus der **Verknüpfung eines Hauptsatzes mit einem oder mehreren Gliedsätzen**, die mit ihren Aussagen den Inhalt des Hauptsatzes ergänzen. Man spricht auch von **Nebensätzen**, weil Gliedsätze grammatisch vom Hauptsatz abhängen. Sie können nicht alleine stehen.
Gliedsätze erkennt man daran, dass sie durch bestimmte Wortarten (unterordnende Konjunktion, Relativpronomen, Relativadverb…) eingeleitet werden und die konjugierte Verbform am Satzende steht.

Beispiel: *Nachdem der Unterricht beendet war, gingen wir nach Hause.*
Gliedsatz — Hauptsatz

Das Auto, das in der Garage steht, gehört meinem Vater.
Hauptsatz — Gliedsatz — Hauptsatz

Sie fragte ihre Freundin, wann der Bus abfahre.
Hauptsatz — Gliedsatz

Man kann die Gliedsätze unter drei verschiedenen Gesichtspunkten betrachten:

1. **Nach ihrer Stellung zum Hauptsatz** (S 22)
2. **Nach ihrer Form und dem einleitenden Wort** (S 23)
3. **Nach ihrer grammatischen und inhaltlichen Leistung** (S 28)

S 22 Die Stellung des Gliedsatzes zum Hauptsatz

Der Gliedsatz kann dem Hauptsatz vorausgehen, in den Hauptsatz eingeschoben sein oder ihm folgen.
Der Gliedsatz ist also entweder **Vordersatz, Zwischensatz oder Nachsatz**.

Beispiel: *Wenn ich regelmäßig trainiere, werde ich den Wettkampf bestimmt gewinnen.*
Gliedsatz (Vordersatz) — Hauptsatz

Ich werde den Wettkampf, wenn ich regelmäßig trainiere, bestimmt gewinnen.
Hauptsatz — Gliedsatz (Zwischensatz) — Hauptsatz

Ich werde den Wettkampf bestimmt gewinnen, wenn ich regelmäßig trainiere.
Hauptsatz — Gliedsatz (Nachsatz)

S 23 Die unterschiedliche Form der Gliedsätze

In der Regel werden Gliedsätze durch ein kennzeichnendes Wort eingeleitet. Nur bei verkürzten Gliedsätzen fehlt ein Einleitungswort.
Je nach Einleitungswort unterscheidet man:

S 24 1. Konjunktionalsatz

Konjunktionalsätze werden durch eine **unterordnende Konjunktion** (s. W 80) eingeleitet.
Unterordnende Konjunktionen sind zum Beispiel: als, nachdem, weil, damit, obgleich, indem.

Beispiel: *Monika fährt regelmäßig mit dem Fahrrad, **damit** sie gesund bleibt.*

S 25 2. Relativsatz

Relativsätze werden durch ein **Relativpronomen** (der, die, das, welcher, welche, welches, wer, was; s. W 54) oder **Relativadverb** (wo, wohin, woher, worüber; s. W 74) eingeleitet. Vor dem Relativpronomen kann auch eine Präposition stehen.

Beispiel: *Das Auto, **das** Maria gesehen hat, hatte kein Nummernschild.*
*Das Problem, **worüber** ich mit dir sprechen möchte, ist nicht neu.*
*Die Höhle, **in die** wir geklettert sind, war sehr feucht.*

S 26 3. Interrogativsatz

Interrogativsätze werden durch ein **Interrogativpronomen** (wer, was, wem, welcher…; s. W 60) oder **Interrogativadverb** (wann, wo, warum, wie…; s. W 75) eingeleitet.

Beispiel: *Er fragt sich, **wem** er das Geschenk zu verdanken hat.*
*Ich frage mich, **warum** du erst jetzt kommst.*

Zu den Interrogativsätzen gehören auch solche Sätze, die durch **„ob“** eingeleitet werden.

Beispiel: *Sie fragte ihre Freundin, **ob** sie zum Spielen komme.*

Interrogativsätze sind **indirekte Fragesätze**, die sich leicht in direkte Fragesätze umformen lassen.

Beispiel: *Er fragt sich: „Wem habe ich das Geschenk zu verdanken?“*
Ich frage mich: „Warum kommst du erst jetzt?“
Sie fragte ihre Freundin: „Kommst du zum Spielen?“

S 27 4. Verkürzter Gliedsatz

Zu den verkürzten Gliedsätzen gehören der **Infinitivsatz** und der **Partizipialsatz**. Im Gegensatz zu den grammatisch vollständigen Gliedsätzen haben sie kein Subjekt und keine konjugierte Verbform.

Beispiel: *Er beabsichtigt(,) **das Auto zu kaufen**.* (Infinitivsatz)
***Lustig vor sich hinpfeifend**(,) wanderte Angela durch den Wald.*
(Partizipialsatz mit Partizip I)
***Am Bahnhof angekommen**(,) nahmen wir uns sofort ein Taxi.*
(Partizipialsatz mit Partizip II)

S 28

Gliedsätze und ihre grammatische und inhaltliche Leistung

Die wichtigste Einteilung der Gliedsätze ist die unter dem Gesichtspunkt der **grammatischen und inhaltlichen Leistung**.
Gliedsätze nehmen nämlich die Rolle eines Satzgliedes ein. Anders ausgedrückt: Aus einfachen Satzgliedern werden Gliedsätze, welche die Aufgabe der Satzglieder übernehmen. Man erfragt sie mit denselben Fragen wie die Satzglieder (Wer oder was? Wen oder was? Wann? Warum?…). Im Einzelnen unterscheidet man:

S 29

Der Subjektsatz

Der **Subjektsatz** ist ein Gliedsatz in der **Rolle des Subjekts**.

Beispiel: ***Dein Reden*** *ist nutzlos.*
Dass du redest*, ist nutzlos.*

S 30

Der Objektsatz

Der **Objektsatz** ist ein Gliedsatz in der **Rolle eines Objekts**. Häufig vertritt er ein Akkusativobjekt.

Beispiel: *Der Schüler meldete* ***einen Unfall****.*
Der Schüler meldete, ***dass sich ein Unfall ereignet habe****.*

Sie fragte ihre Freundin ***nach der Abfahrt des Busses****.*
Sie fragte ihre Freundin, ***wann der Bus abfahre****.*

S 31

Der Attributsatz

Der **Attributsatz** übernimmt die **Aufgabe eines Attributs**. Er bezieht sich auf ein Nomen oder Pronomen des Hauptsatzes und kennzeichnet dieses näher. Die meisten Attributsätze werden durch ein **Relativpronomen** eingeleitet und zählen somit zu den Relativsätzen.

Beispiel: *Das Auto* ***in der Garage*** *gehört meinem Vater.*
Das Auto, ***das in der Garage steht****, gehört meinem Vater.*

S 32 Der Adverbialsatz

Adverbialsätze übernehmen die **Aufgabe von Adverbialien**. Sie kennzeichnen die Umstände des Geschehens näher.
Adverbialsätze werden durch eine **Konjunktion** eingeleitet. Der Form nach sind es also **Konjunktionalsätze**.
Wegen ihrer unterschiedlichen Bedeutung unterscheidet man entsprechend den verschiedenen Adverbialien auch die Adverbialsätze. Die Tabelle gibt einen Überblick:

Adverbialsatz	Aussage über	Konjunktion	Beispiel
Temporalsatz	Zeitpunkt, Zeitdauer	als; nachdem; bevor; wenn; während; sobald	*Nachdem wir gespielt hatten, begann es zu regnen.*
Kausalsatz	Ursache, Begründung	weil; da	*Weil es regnete, konnten wir nicht spielen.*
Konditionalsatz	Bedingung, Voraussetzung	wenn; falls; sofern	*Falls der Regen noch in dieser Stunde aufhört, setzen wir das Spiel fort.*
Konsekutivsatz	Folge	sodass/so dass; dass; so…, dass	*Er lief so schnell, dass er nicht mehr abbremsen konnte.*
Finalsatz	Absicht, Zweck	damit; dass; auf dass	*Vor dem Spiel wärmen wir uns auf, damit wir uns nicht verletzen.*
Konzessivsatz	Einräumung; Grund, der nicht zählt	obgleich; obwohl	*Obwohl es regnete, spielten wir draußen.*
Modalsatz	Art und Weise	indem; dadurch, dass	*Dadurch, dass er fleißig trainierte, wurde er ein guter Spieler.*
Adversativsatz	Gegenteil	während; anstatt dass	*Klaus spielte im Garten, während er seine Hausaufgaben machen sollte.*
Komparativsatz	Vergleich	als; wie; als ob; als wenn	*Er sieht aus, als ob er in eine Zitrone gebissen hätte.*

Der **Lokalsatz** (Aussage über den Ort des Geschehens), entstanden aus dem Lokaladverbiale, wird ebenfalls zu den Adverbialsätzen gezählt. Dem einleitenden Wort nach ist er jedoch kein Konjunktionalsatz. Er zählt zu den Relativsätzen.

Beispiel: *Wir spielen dort, wo wir gestern bereits gespielt haben.*

Grammatische Begriffe im Vergleich

Deutsche Grammatik	Deutsche Übersetzung
Wortarten – flektierbar	
Verb	Zeitwort, Tätigkeitswort
Nomen/Substantiv	Namenwort, Hauptwort
bestimmter Artikel	bestimmter Begleiter
unbestimmter Artikel	unbestimmter Begleiter
Adjektiv	Eigenschaftswort
Pronomen	Fürwort
Personalpronomen	persönliches Fürwort
Possessivpronomen	besitzanzeigendes Fürwort
Demonstrativpronomen	hinweisendes Fürwort
Relativpronomen	bezügliches Fürwort
Reflexivpronomen	rückbezügliches Fürwort
Interrogativpronomen	fragendes Fürwort
Indefinitpronomen	unbestimmtes Fürwort
Numerale	Zahlwort
Wortarten – nicht flektierbar	
Adverb	Umstandswort
Präposition	Verhältniswort
Konjunktion	Bindewort
nebenordnende Konj.	–
unterordnende Konj.	–
Interjektion	Ausrufewort
Tempusformen	
Präsens	Gegenwart
Präteritum	Vergangenheit
Perfekt	vollendete Gegenwart
Plusquamperfekt	vollendete Vergangenheit
Futur I	Zukunft
Futur II	vollendete Zukunft
Satzglieder	
Subjekt	Satzgegenstand
Prädikat	Satzaussage
Prädikativ	Artergänzung
Objekt	Satzergänzung
Genitivobjekt	Satzergänzung im 2. Fall
Dativobjekt	Satzergänzung im 3. Fall
Akkusativobjekt	Satzergänzung im 4. Fall
präpositionales Objekt	Satzergänzung im 3. oder 4. Fall mit Präposition
Adverbiale	Umstandsbestimmung
Attribut	Beifügung

Latein	Englisch	Französisch
Verb	verb	le verbe
Substantiv	noun	le nom
–	definite article	l'article défini
–	indefinite article	l'article indéfini
Adjektiv	adjective	l'adjectif
Pronomen	pronoun	le pronom
Personalpronomen	personal pronoun	le pronom personnel
Possessivpronomen	possessive pronoun	le pronom possessif l'adjectif possessif
Demonstrativpronomen	demonstrative pronoun	le déterminant démonstratif
Relativpronomen	relative pronoun	le pronom relatif
Reflexivpronomen	reflexive pronoun	le pronom réfléchi
Interrogativpronomen	interrogative pronoun	le pronom interrogatif
Indefinitpronomen	–	le pronom indéfini
Numerale	numeral	l'adjectif numéral
Adverb	adverb	l'adverbe
Präposition	preposition	la préposition
Konjunktion	conjunction	la conjonction
koordinierende Konjunkt.	coordinating conj.	la c. de coordination
subordinierende Konjunkt.	subordinating conj.	la c. de subordination
Präsens	present, present tense	le présent
Imperfekt	past, past tense	l'imparfait/le passé simple
Perfekt	present perfect	le passé composé
Plusquamperfekt	past perfect	plus-que-parfait
Futurum I	future	le futur simple/composé
Futurum II	future perfect	le futur antérieur
Subjekt	subject	le sujet
Prädikat	predicate, verb link	le verbe
Prädikatsnomen	–	le complément du sujet
Objekt	object	l'objet
Genitivobjekt	–	–
Dativobjekt	indirect object	le complément indirect
Akkusativobjekt	direct object	le complément direct
–	–	–
adverbiale Bestimmung	adverbial	le complément circon- stantiel/prépositionnel
Attribut	attributive	l'épithète, le complément du nom

Register